AF366986

Mar de estrellas

ANDONI ALCÁZAR

Autor: Andoni Alcázar

Edición y maquetación: Cristina Medrano
editorialcuatrohojas.com / info@editorialcuatrohojas.com

ABRAZO ROTO

Necesito como aire un abrazo fuerte,
de esos que me dabas al caer la tarde
para quitarme el frío.
El brillo de tus ojos me alumbraba
y ambos conseguíamos dejar las penas en el cajón bajo llave.
Yo no sabía bailar, pero contigo bailaba,
y día a día crecían nuestras ganas.
Los latidos hacían poesía
por todo el recorrido de nuestros cuerpos,
y a mí me apasionó ese vino,
como con tu forma de ser y tu risa.
Poco a poco tintaste mi alma de alegría,
hiciste de las cenizas una gran fogata
y el frío de mi cuerpo se perdió en la distancia.
Me enseñaste a dejarme llevar,
a volar sin mirar lo alto que lo hacía,
que el vértigo se me olvidara,
envuelto en alegrías.
Engalanabas mi alma de viajero extraño
con tu esencia irremplazable,
y ahora duelen tu ausencia y tu recuerdo imborrables.

TODO LO QUE SOY

Voy a demostrarte hoy todo lo que siento
para no extrañarte mañana,
a cuidarte ahora para no perderte jamás,
como se va perdiendo el tiempo
al ritmo que decretan
las manecillas de aquel frío reloj...

MIRADAS

No me hará falta diccionario
para comprender el lenguaje de las miradas.
Me besarás con tu susurro cálido
y desearé que incendies mis sábanas
durante toda la madrugada,
mientras yo,
libre y entregado a ti,
me pierdo en tus adentros,
hayo refugio en cada coordenada de tu dulce piel.

PALABRAS

Pesan tanto a veces las palabras
que más vale una caricia sincera junto a una mirada tierna
que sea capaz de abrazar al alma que nos inspira tantas cosas.
Y tú
bien sabes, amigo,
que ella es pura adrenalina,
la que destruye mis murallas con su dinamita,
la que tiene magia para dar y regalar,
y la que si sabes acariciar su alma
en su sonrisa toda magia encontrarás.

VIDA

Si solo se vive una vez,
déjame verte de vez en cuando,
dame tu mano,
mírame a los ojos
y déjame tiritando...

ACÁ ENTRE NOS

Acá entre nos,
cuando ella parpadea,
un par de mariposas
me hacen cosquillas en el corazón...

LA MAGIA DE SU SONRISA I

Tenía la sonrisa más bella que jamás me había cruzado,
y con solo mirarte te provocaba taquicardias.
Si doblaba la esquina,
te invadía el frío de la soledad.
Estaba cansada de palabrería
y vomitaba versos de Sabina
con una copa en la mano,
como pretendiendo olvidar tantos fracasos
a golpe de borrachera,
recordando a esos idiotas
que sabían mucho de rozar la piel, pero nada de erizarla.
Ya no la engañaban ni las estrellas,
y era desconfiada hasta con la luna.
Tenía un revólver entre las pestañas,
y los piropos ya no le sabían a nada
ni le apetecía conocer a nadie
por temor a quien pudiera esconderse
detrás de las apariencias,
por la posibilidad de repetir esas historias
que tanto la dañaron.
Repetía que el amor era una ruleta rusa
y que a ella siempre le tocaba la bala,
que no le quedaba coordenada sana en el corazón
para recibir más disparos.

LA MAGIA DE SU SONRISA II

Pero yo,
que siempre he sido muy cabezón,
soñador y adicto a los desastres,
pondré a prueba su armadura
para ver si con paciencia y con ternura
despierto su locura
y me da su mano
para concederme un baile frente al mar de sus ojos.

LA LUNA EN TU BALCÓN

Sé que hay cantantes que no saben cantar
y poetas que no son demasiado hábiles al rimar,
y aunque no soy ningún superhéroe
y aún sigo temblando un poco cuando te veo,
yo pondré la luna en tu balcón,
los miedos los mandaremos juntos al desván,
y tú irás calmando mi ansiedad.
En tus ojos
iré sintiendo tu serenidad,
crecerán tus ganas de besar.
Sonreirás y a mí me harás soñar.
Tu suspiro,
durante unos segundos me hará sufrir,
y después llegará el asalto a tu piel,
el recorrido de mi lengua
desde tu boca hasta tus pies...

¡ESCÚCHAME, MUJER!

¡Oye, mujer!
He visto que sonríes poco en las fotos,
y eso no me parece justo.
¿Te imaginas que la luna jamás saliera
a endulzar la noche,
vestida de gala, para cubrirlo todo con su luz?

NOCHE DE VERANO

Tuve el placer de contemplar
sus ojos azules bajo un cielo estrellado.
Pasó frente a nosotros una estrella fugaz
(y tú, que eres eterna, y tú que eres inmensa)
y solo le quise pedir que ese momento irrepetible
no acabara jamás,
o que al menos no se borrara nunca de nuestras mentes...

VERSOS DEL CORAZÓN

... Y mis versos más sinceros,
los que forjé en el fondo de mi alma,
los tatuaré sobre tu piel.

DAME UNA SONRISA

Dame una sonrisa
de esas tuyas
que son mi luna llena en las noches más oscuras,
que son mi vida entera
cuando se va la esperanza sin billete de vuelta,
y promete nunca regresar...

INFLAMABLE

Ella es inflamable,
me quema la piel,
y también sería capaz de amarme como nadie.
Por eso voy a dejarle el espacio necesario
para que abra bien las alas,
para que sienta que no es de nadie,
pero conmigo quiera serlo todo...

PARA ABRAZARTE MUCHO MÁS FUERTE

Voy a acercarme muy lentamente
a darte un beso en la frente.
Voy a abrir mis brazos
y a coger carrerilla con el alma
para abrazarte mucho más fuerte,
para abrazarte mucho más fuerte...

Nada deseo con más fuerza
que hacerte sentir única,
que besarte y sentir que vuelas junto a mí.
Nada podría hacerme latir más fuerte
que ver cómo te ilusionas conmigo
y me abrazas mucho más fuerte...

Me muero por llenar tu cuerpo de caricias mías,
por brindarle a tu cielo mi poesía,
que nada me ilumina más que tu luna,
que te confieso que tus estrellas son mi fortuna...

LA PRÓXIMA VEZ QUE NOS VEAMOS

La próxima vez que nos veamos
no sé si podré evitar besar tus labios,
porque con tan solo mirarte se me dibuja una sonrisa,
se aceleran mis latidos,
y todo brilla en mi interior.
Vamos a contarnos los sueños
y te describiré mis ilusiones.
Haré que no te quepa la menor duda
de que nadie va a tratarte mejor que yo.

La próxima vez que nos veamos
no sé si podré evitar besar tus labios,
y ponerme nervioso como un adolescente
el día que da su primer beso.
Sé que brillan más tus ojos cuando yo te miro,
o tal vez sea solo mi deseo,
producto de mi imaginación.
Voy a tomarte de la mano,
y quiero que sepas que no vine a coartar tu libertad,
que tú eres libre como el viento,
pero ¡qué más quisiera yo que besar ese viento!
Que me acariciaras con tu magia
y poder sentir tu frío y tu calidez.

La próxima vez que nos veamos...
¡el que avisa no es traidor!
Voy a besar tus labios.

SONRISAS

Las sonrisas,
como toda obra de arte,
son de quien las crea.
son de quien las alimenta,
las besa,
las ama,
las sabe interpretar
sin juzgar...

TURISMO EN TU CORAZÓN

Deseo hacer turismo por tu cuerpo,
colocar besos sonoros sobre tu piel.
Oírte sonreír,
sentirte temblar,
que rompamos el hielo
al querernos sin miedo,
que no tengamos ganas ni de hablar,
solo de dejarnos llevar.

Cuéntame cómo te sientes,
qué es lo que te preocupa
o si puedo hacer algo para que te sientas mejor.
Confiésame si tú también imaginas un atardecer juntos,
y si, aunque sea una locura,
estés dispuesta a hacer oídos sordos
a lo que opinen los demás.

Dime si cuando cierras los ojos y sonríes,
soy yo el que ronda tu mente,
si vale la pena dejar que crezca mi ilusión
o es mejor dejarlo todo atrás
y decirnos adiós.

SIETE VIDAS

A veces vivimos como si tuviéramos siete vidas.
Tal vez debamos recordar
que tan solo tenemos una para poner,
de una vez por todas,
los cinco sentidos
en aquello que de verdad amamos.

SI TÚ ME DICES QUE SÍ

Si tú me dices que sí,
pongo la luna en tu desván,
lleno de estrellas el diván
y respiro lentamente de tu boca.
Me planto frente a tu mirada,
un zaguán lleno de flores que me da la bienvenida
a tu inmenso universo.

Si tú me dices que sí,
yo me quedo a admirar tu vuelo
y a abrazarte fuerte en cada duelo.
Te susurro versos al oído,
que te relaten las historias que contigo imagino.

Si tú me dices que sí,
yo no dejo de soñar,
yo me reinvento cada amanecer
dispuesto a encontrar nuevas formas de inspirar
la melodía de tu risa,
aprendo a bailar si hace falta
para así no alejarme demasiado de tu cintura,
y perder la cuenta de los besos que te doy para desayunar.
Si me dejas, viajo por los entresijos de tu alma,
y prometo dejar huella
a ver si así le pones mi nombre a alguna de tus calles,
las de la ciudad inolvidable que hay dentro de ti.

LEJOS DE SER PERFECTO

Lejos de ser perfecto,
conozco cada uno de mis defectos
y podría escribirte una historia de cada uno de ellos.
No soy ajeno a las tormentas que hay dentro de mí,
a la lluvia de abril que moja mi interior,
a las nubes que oscurecen mi cielo.
Si algo detesto
es hablar de tristezas,
pero entiendo necesario desechar del alma la pena,
sin excederme, Dios me libre, en la melancolía.
Si hace falta una lágrima sanadora,
entonces que llueva en mí,
en mi soledad.
Acaricio mis recuerdos
y algunos de ellos me arañan,
permiten entrever la profundidad de mis entrañas,
provocan sequías en los ríos de mi alma.
Alzo la voz del corazón
para expresar con claridad las emociones,
y se vuelven chiquititas mis pupilas
cuando vuelvo a ver tus ojos.

HACERTE EL AMOR

Voy a hacerte el amor en un abrazo.
Voy a besarte el alma y a calmar tu llanto.
Quiero verte reír.
Quiero sentir la caricia de tus latidos sobre la piel.
Quiero hablarte de corazón,
Susurrarte al oído esos versos
que solo podrías inspirarle a un hombre enamorado
dispuesto a apostar toda su cordura
y sus ilusiones por una mujer.
Regálame un pedacito de tu presente
y yo con eso me basto para construir
un futuro del que formes parte,
donde seas el arte que le hace falta a mi rutina.

ELLA

Ella es única y es preciosa.
No porque sea como esas modelos de revista,
sino por cómo ríe,
por su forma de sentir,
por cómo llora.
Sobre todo, por cómo te hace sentir cuando te mira,
por cómo te hace temblar sin necesidad de tocarte,
porque me quitaría el sombrero ante su magia,
y por esas estrellas que rodean su rostro cuando le brillan los ojos
al sonrojarse.
No sé si será la mujer de mi vida,
tal vez es pronto para saberlo,
pero sí sé que es una de esas mujeres irrepetibles e inolvidables
y que dejarla escapar sería motivo
de arrepentimiento hasta el fin de mis días.

MÍRAME A LOS OJOS

Mírame a los ojos,
ellos nunca engañan.
Yo sé que tú no me ocultas nada,
y es tu transparencia parte de lo que me encanta de ti.

Observo tu risa mientras hablas
y se me enfría el café,
pero no lo necesito;
con tu luz basta para acelerar mis latidos.

Tengo un buen presentimiento
cuando imagino nuestros besos,
cuando imagino que te cojo de la mano
y caminamos sin mirar atrás,
sin pedir permiso al mundo,
escribiendo la historia que nos dé la gana.
Vale la pena soñar.
Yo sé que vale la pena vivir...

ERES

Eres ese tren que solo pasa una vez en la vida
al cual te acercas sin temor a ser atropellado,
porque es inmenso el deseo de hacer chocar
mis labios contra los tuyos,
y que por detrás el corazón llegue a arrasar con todo
dispuesto a surcar tus mares.
Eres la poesía que recito con los ojos cerrados
y me recorre la piel,
que me hace temblar y me dibuja una sonrisa.
El recuerdo que me hizo dejar de estar cuerdo,
la locura que cura,
que me eleva más allá del cielo
gracias a tu luna,
gracias a tu luz.

LA VI

La vi llorar de risa,
alzarse después de la más cruel caída.
Ella me abrazaba y me devolvía a la vida.
Cuando se juntaban su boca y la mía
un huracán en nuestras almas se sentía.
Le recuerdo
que la cordura no sirve de nada,
que es su locura la que le permite
mostrar toda esa magia que posee,
toda esa primavera que corre por sus venas.
Solo bastaba una sonrisa
y el brillo de esos ojos
para quitarse el sombrero,
para que me hiciera sacar el poeta que llevo dentro,
para enterrar el disfraz de imbécil que alguna vez me puse.
Quería navegar en esos océanos de tristeza
que había en sus adentros,
y ver cómo, día a día,
llegaba la sequía y por fin desaparecían.
Quería sentir cómo se erizaba su piel
al compás de los latidos,
cómo llegaban, sin que importaran,
las arrugas a cada espacio de su cuerpo,
pues lo único que a mí me importaba
era vivir con ella ese proceso.

APOSTAR POR TI

Voy a apostar por ti,
porque por primera vez quiero ser fiel a lo que siento.
Voy a apostar por ti,
gane o pierda,
porque, ¿para qué quiero estrellas fugaces
pudiendo perderme en tus universos?
Caminaré por el jardín de nuestros recuerdos
llenándolo de flores,
dibujando tu sonrisa,
sintiéndome un artista,
haciéndote protagonista de mi historia,
creando junto a ti momentos que, del alma,
no seremos capaces de borrar.

BESO

Soy el beso que se da para intentar explicar lo que se siente,
la caricia que recorre todo el cuerpo y hace cosquillas en tu vientre.
Soy el caballero que por ti se quitó la armadura.
El que sueña con sentirte desnuda mucho antes de quitarte la ropa,
el que te cuida y ama tu locura...
Soy el que quiere plantarse frente a ti y esperar que tu sonrisa ilumine mi cara,
mientras brillan cada vez más tus ojitos...
Quiero sentir el calor de tu piel siendo el abrigo de mi piel
y descender desde tu boca hasta tus pies,
empapándome con los abriles que hay en tu ser.
Hallar la magia en cada milímetro de tu cuerpo
para despedirme de la cordura al besarte,
sentir que vuelvo a la niñez,
que mi corazón late fuerte de alegría,
como la primera vez,
cada día como la primera vez que te vi llegar...

TE PROMETO

Te prometo que contigo siempre guardaré un as bajo la manga,
que cuando pinten bastos,
apostaré más fuerte que nunca al rojo de tus labios,
al casino de tus besos...
Que si llueve
nos mojaremos juntos
hasta que amanezca en tu sonrisa.
Que en tus mares morirá mi sed,
que besaré tu dolor de ayer
y brindaré por un mañana acurrucado junto a ti,
al calor de tu sonrisa,
saboreando tu querer.
Que, si nos quedamos sin palabras, niña mía,
te susurraré al oído,
muy despacio,
la poesía que puedo contemplar en tu mirada.

QUIÉREME

Quiéreme,
y si quieres destruir,
que sea esta armadura que construí sobre mi pecho
para protegerme de tanto dolor.
Quédate
si te lo pido con el alma.
Quédate
si, en llanto, te lo pide mi corazón.

ESA MUJER

Esa mujer es un huracán incontrolable.
No intentes dominarla,
no intentes controlarla,
que ella es libre y fresca como el viento.
Ámala y disfruta de su arte,
que si sabes cómo rozar su alma
llegarás a lo más profundo de su corazón,
a contemplar la magia que habita en sus adentros.

ANTES DE BESARTE

Antes de besarte los labios,
con la mirada mil veces te besé.
Tal vez al principio solo era cuestión de atracción
y anhelo de placer.
Ahora que te miro con el alma,
te has vuelto para mí adictiva como el café,
la mujer que me inspira y me hace creer...

DESVESTIRTE

Quiero desvestirte como nadie lo hizo antes,
y no hablo de quitarte ni una sola prenda.
Se trata de perderme en cada uno de tus poros,
interpretar cada mensaje que hay escrito sobre tu piel.
Lo que quiero es despojarte de complejos e inseguridades,
darte lo mejor de mí,
inspirar lo mejor de ti,
viajar piel adentro
dejando huella en ti,
que juntos encontremos cada mañana
nuevos motivos para sonreír.

QUIERO SER

Quiero ser el agua fresca que calma tu sed,
el suspiro que besa tu frente
para después acabar en tu oído,
provocando tu delirio.
Quiero ser el que con una sonrisa te devuelve la fe,
el caballero que la armadura contigo se quitó.
Perder el norte
para que luego encuentres abrigo aquí en mi pecho.
Que yo en tu risa te aseguro
que cada día hallaré refugio,
que será tu mirada
mi puesta de Sol con vistas al mar.
Abrázame muy fuerte,
que quiero sentir hasta tus raíces,
lo intangible,
lo que no se marchita,
lo que hay que cuidar y regar cada día
para hacerlo crecer.
Yo,
que a veces me siento un poco a oscuras,
encontraré tu luz,
y tú
serás la luna que cada mañana habré de conquistar.

AL DESPERTAR

Al despertar,
recordé el acorde inolvidable
que forman en tándem el sonido de su risa
y la canción de sus tacones.
Que no habría resaca más dulce que la que llegaría
después de emborracharme en su pecho,
mientras sus manos encendidas acarician mi cuerpo.

SOÑABA TU BOCA

Soñaba con tu boca
y luego te besé.
Ahora,
sueño que se repite y repite ese beso,
que con tu boca vistes la mía y me desnudas de miedos.
Que cuando te marchas me muerdo los labios
recordando el sabor de los tuyos...

NO NECESITO

No necesito ser el sastre de tus desastres,
porque yo te acepto y te deseo así,
tal como eres.
Que no vine a completarte,
a mí me basta con hallarme reflejado en tus pupilas
y que sepas que cuando la oscuridad quiera arruinar mi día,
es tu sonrisa la que necesito cerca a de mí.
Que no hay mejor forma de desnudarse
que plantarme frente a ti y demostrarte que eres arte
y yo el que cada día quiere pintarte el cielo
de un azul intenso.

BRINDO

Brindo por el brillo de tus ojos
y el adictivo sabor de tus labios rojos,
por lo bien que suena mi nombre al salir de tu boca,
por la maravillosa rima que forman tu risa y mi risa.
Sueño
que tu reloj se enreda con mi reloj
y lleno los minutos de momentos mágicos contigo.
Que tus mares se besan con mis mares
y me emborracho en los bares de tu cuerpo,
hasta que nos interrumpa el despertador.
Tú
cuentas los segundos,
mientras yo solo quiero perder la cuenta de los besos
que tatúo entre tu frente y tus pies.

AÑORO

Añoro el sonido de tus besos,
la caricia de tu voz,
la paz de tu alegría.
Añoro la luz de tus ojos volviendo diminutas mis pupilas,
la sonrisa que dibujas en tu cara
cuando te miro con deseo
y deseo que suspires,
que sin prisa me acaricies,
que llenemos los minutos de ganas de volar...

ME BASTA

Me basta con el abrigo de tu piel,
con sentir en mi boca el rocío de tus labios
y empaparme con el sudor de tu cuerpo,
con notar el recorrido de tus manos frías en mi cuerpo.
Deseo compartir contigo cada amanecer,
que el café de la mañana vaya despertándome
como lo van haciendo también la caricia de tu sonrisa
y la luz de mirada.
Quiero cumplir contigo todas mis fantasías,
las promesas que le hice a mi alma
y dejé caer con un latido acelerado
en forma de versos,
en forma de poesía sin aparente sentido
hasta que tú se lo diste con tu complicidad,
con tu naturalidad,
y con esa forma de besar cada coordenada
de mi cuerpo y mi alma,
con tan solo una limpia y sublime mirada...

ADORO

Adoro sentir tu aliento tan cerca,
así con tanta probabilidad de que nos vayamos a besar.
Adoro verte llegar sin poder parar de sonreír,
que solo con mirarnos nos digamos todo,
que ya estemos pensando en las caricias
que nos vamos a regalar esta noche.
Ven,
incéndiame la piel como tú sabes,
provoca con tu boca el deshielo por todo mi cuerpo
y moja toda mi piel con tu humedad.
Ámame en total libertad.

SOY EL VERSO

Soy el verso que construí con las palabras
que el viento no fue capaz de llevarse,
porque me dejé el alma,
el cuerpo y el corazón
demostrando cada uno de mis sentimientos.
Soy el silencio que permite que la mirada
exprese todo lo que llevamos dentro.
La caricia le enseña a tu piel
todo aquello que callé durante tanto tiempo,
todo aquello que no fui capaz
de explicarte de ninguna otra manera.
Soy el tiempo que esperé,
la ansiedad,
el darme cuenta de lo necesaria que fue esa espera,
porque todo llega,
la paciencia que requieren las grandes cosas de la vida.

HURACÁN

Y a ese huracán
ponle nombre de mujer,
que cuando sonríe después de cada herida me doy cuenta
de que con ella la tristeza solo sabe perder.
Que con ella aprendí que dolor
también es la ausencia de un olor,
el mirar y admirar con todo el corazón,
desvistiendo un alma con dulzura y pasión.
Que lo que cubre de color la oscuridad es la ilusión,
aquello que nos roba una sonrisa,
se convierte en un motor de nuestra vida
y nos motiva a ser mejores cada mañana,
la razón para unir todos los versos que, por separado,
carecían de sentido y con ellos hacer canciones.

IMAGINO

Cierro los ojos e imagino una postal
de tu sonrisa brillando frente al mar.
Rozo la almohada y sueño que es tu piel.
Sueño que el calor que hay bajo estas sábanas es el tuyo,
pero me falta tu voz...
Y que no me hablen de primaveras
si jamás sintieron la caricia de tus flores
justo aquí en el pecho,
atravesando el alma sin causar herida.

REINO

Como ya tienes tu reino y la luna te la bajas tú sola,
solo déjame ver las estrellas junto a ti.
Porque eres inmensidad,
eres calma.
Cuando ríes y me miras,
cuando brillas y caminas de mi mano,
me regalas toda tu luz y tu alegría...

LOCA

Ella es una loca incurable,
salvaje
y con gran coraje,
y yo me empeño en sentirla desnuda
y colocar sobre su piel versos de Neruda...

ELLA

Ella es dulce,
sensual y cariñosa,
y de nada te servirá hacerle arder la piel
si no eres capaz de inquietarle el corazón.
Su sonrisa es revolución entre tanta hipocresía.
Se siente libre y ajena al guion marcado
por esta triste sociedad,
y eso a ellos les duele.

GUERRERA

Ella renunció a su corona de princesa,
se convirtió en una guerrera con tacones,
que pelea con uñas y dientes contra sus temores.

SEÑORITA

Señorita con cara de inocente y alma en guerra.
Sonrisa de fábula,
cansada de cuentos,
dispuesta a mostrarte el cielo
o mandarte al infierno.

¡QUÉ BONITO!

¡Qué bonito universo el de tu mente!
Que sin necesidad de la vista ni el tacto se siente presente.

LO QUE APRENDIMOS DE LAS NOCHES

De las noches aprendimos que,
a pesar de la oscuridad,
tarde o temprano llega la luna llena
a traernos esperanza con su claridad.
Descubrimos que la vida eran todo prisas,
sin tener ni tan si quiera claro hacía adónde íbamos,
sin apreciar el valor de cada momento único e irrepetible.
De esa bendita primavera aprendimos que,
lo que parecía condenado a marchitarse
siempre florece de nuevo.
Con paciencia y con el el cuidado adecuado,
después de un poco de lluvia, llega la claridad.

MIS VERSOS

Colocaré mis versos en el viento
para que acaricien tu espalda cuando te beso.
Y nos elevemos juntos hasta la cima del cielo...

HACER LAS PACES

Hice las paces conmigo mismo,
que es el primer paso para salir del abismo
y empezar a quererme bien.
Me perdoné por cada error,
por cada vez que el ego me dominó
y me condenó a herir a quien más quería.
Hice las paces conmigo mismo,
dejé de pretender tapar el sol con un dedo,
dejé de culpar a los demás por los errores que yo solo cometía,
de temer tropezar.
Empecé a centrarme en levantarme después de cada caída...

EL PRIMER BESO

El primer beso se da con la mirada.
Es el abrazo entre dos almas,
el gesto que precede esa sonrisa
que se dibuja desde el corazón.
El primer *te quiero* lo susurra el brillo de unos ojos,
el sonrojo de las mejillas,
se pronuncia desde lo más profundo de nuestro ser,
cuando la emoción es tan fuerte
que vemos en esa persona a la octava maravilla...

NO SERÁ FÁCIL...

No será fácil borrar de la mente aquello que,
además de besar la piel,
dejó huellas en nuestro corazón.
Aquello que, con hilos de amor,
quedó bordado en nuestros adentros.
Caminaré solo bajo la lluvia una noche,
taciturno y nostálgico,
embriagado por tu recuerdo
que ahora me envenena y me condena.
Si algún día decides regresar,
por favor,
hazlo con buenas intenciones,
que si vienes a sembrar con tu esperanza
todo un jardín de ilusiones,
puedo dejar caer sobre ellos
una lluvia repleta de buenas razones
para que caminemos juntos en la misma dirección,
porque bien sabes que yo conozco
el camino de tu corazón.

AMAR

Amar no es besarse en la boca
ni apretar fuerte tu cuerpo contra el suyo.
Amar es conectar tan fuerte dos almas,
que vuestros cuerpos,
ajenos a la voluntad de vuestra mente,
se unan el uno al otro,
que vuestros labios,
por decisión de vuestros corazones,
bailen juntos al ritmo de vuestros latidos.

TÚ

Tú empezaste a reír como una loca.
Como una loca
que acaba con toda mi cordura.
Y yo
me quedé mirándote,
me quedé escuchando tu risa
como si estuviera escuchando mi canción favorita,
queriéndola escuchar hasta el final
y con ganas de repetir su melodía una y otra vez...

OCÉANOS

Sus ojos son dos océanos
y su sonrisa es la brisa que te acaricia sin tocarte.
Cuando llora,
rugen sus mares y siente que el mundo se va a acabar,
la tormenta parece llenarlo todo de niebla y oscuridad.
Pero cuando llega el nuevo día,
es capaz de verlo todo mucho más claro,
de volver a empezar.

CÁLIDAS REFLEXIONES DE UNA TARDE DE DOMINGO

Estaba reflexionando acerca de cuán mágico es lo sencillo,
lo que no es pretencioso,
lo que no necesita ser engalanado con demasiadas palabras
ni precisa de grandilocuencia.
Qué maravillosa es la sencillez de lo humano,
lo sincero,
y esos gestos que emergen de forma tan espontánea y natural.
Qué necesarios son esos detalles,
lo intangible que nos hace latir más fuerte,
que nos hace suspirar,
lo que sin palabras puede describirse fácilmente
en la luz de una mirada.
Cuánta magia poseen esas personas
que iluminan con una sonrisa
y te acaban haciendo sonreír a ti también...

¡QUÉ OSADÍA!

Qué osadía la de mis instintos,
la de mis suspiros.
Cuando sueño tu boca de noche y de día,
mientras dejo que me arrastre tu marea...
La caricia de tus pestañas hace cosquillas hasta en mi alma,
va derrumbando mis murallas
y empiezo a amarte sin reservas...

SIMPLEMENTE

Simplemente es un placer conocerla
y poder imaginar su presencia
porque tiene la capacidad de regalarte
un abrazo con tan sólo mirarte.
Las palabras no son necesarias
cuando te acaricia con el mar que hay bajo sus pestañas.
Sería un placer naufragar en esas aguas
y sentir cómo su sal puede besar
y curar las heridas más profundas del alma.

DESCONFIANZA

No es que haya desconfianza en mi mirada,
es que aprendí y ahora siempre guardo
una bala en la recámara.

SI QUIERES...

Si quieres ponemos una botella de vino
entre el brillo de tus ojos y los míos
una noche fría de un viernes cualquiera.
Un par de flores en tu pelo,
y sabes bien que por cada sonrisa que te saque
sentiré ese cosquilleo en el pecho,
que hará que el frío recorra todo mi cuerpo
si decides marcharte...

DESPERTÉ

Desperté
y juré que algún día te tendría aquí a mi lado
al entrar el Sol por mi ventana,
tal y como lo soñé tantas noches.
Desperté y recordé que de ti me enamoré,
que es tu piel la ideal para mis dedos.
Deseé estar toda la vida besándote,
que yo quiero que tú me veas como yo te veo.
Mírame a los ojos y dime que esto no es amor del bueno...

QUIERO

Quiero caer sobre tu piel
como las hojas en otoño sobre tierra mojada,
Mientras me baño en tu mirada limpia
y mis pupilas se quedan mudas
por la luz de tu luna que brilla toda la madrugada,
mientras mis esperanzas se mudan todas
a vivir en tu almohada...

PROVOCA

Provoca carcajadas
que provocar lágrimas es cosa de cobardes,
que si contigo era hielo,
conmigo arde...

SONRÍELE

Sonríele al mundo,
guerrera,
que tanta oscuridad está pidiendo a gritos tu primavera...

OJALÁ

Ojalá te cruces con alguien que desnude tu alma,
que te haga temblar sin ponerte un dedo encima,
que te ayude a sanar tus heridas...

CONTRATO

No creo que haya contrato más inquebrantable
que el que sellan mis pupilas
contra tus pupilas.
Lo demás es todo humo,
autoengaño,
palabrería...

ERROR

No cometas el error de ofrecer la inmensidad de tus mares
a quien ni si quiera está dispuesto a mojarse los pies por ti...

OBSESIÓN

Su cuerpo será mi obsesión
y darle placer, mi nueva profesión...
Entre el cielo de sus ojos y la humedad de su cuerpo,
dejaré lo mejor de mis cinco sentidos,
pondré mis siete vidas a morir por llevarla hasta la luna...

SI PIENSAS

Si piensas que en esta vida no puede ser,
te regalo una a una las otras seis,
y si quieres en todas ellas muero por ti...

SUEÑA

Sueña hasta lograr,
ríe hasta llorar,
deja de planear,
aprende que es mejor volar...

EL PROBLEMA

El problema del corazón
es que cuanto más siente más consiente,
y así se expone al dolor,
aunque a veces no sea consciente...

VITAMINA D

Cuando te mira te regala la vitamina D de su sonrisa,
y para llegar a lo más profundo de su alma
hay que saber tocar el punto G de su mente.
Ella tiene demasiada magia adentro
como para hacerle el amor tan solo a su cuerpo...

ELLA

Creo que ella no se da cuenta,
tal vez por el cansancio de la rutina o por el tamaño de su pena,
de las enormes alas que nacen
en sus costados cuando brillan sus ojos,
ni es capaz de apreciar toda la luz que hay en su sonrisa.
Justo ese destello por el que yo desearía
ser deslumbrado cada día.
Entre la escala de grises por la que camina,
yo quisiera pintar con todos mis colores
hasta acariciar su pecho.
A veces, cansada,
contiene el llanto,
siente que su alma está encarcelada,
se debate entre hacer lo correcto o ser libre.
Ojalá pronto se dé cuenta de que lo correcto es ser feliz
y se ame a sí misma con honestidad,
con toda la intensidad del corazón.

GANAR O PERDER

¿Qué es ganar y qué es perder?
¿Qué vale la pena en realidad tener?
Si te invade el miedo,
si tiemblas y no sabes cómo explicarlo,
es precisamente porque lo que vale la pena tener,
por lo que vale la pena dejarse el alma,
es intangible,
no puedes tocarlo en realidad,
pero sí sentirlo en un beso,
notar su calor en un abrazo...
Más que tu sexo,
tu edad
o tu pasado,
eres lo que das,
lo que entregas en cada paso.
Eres tu capacidad para comprender
y escuchar no solo a los demás,
Sino también a ti mismo.
Eres tu actitud,
tu capacidad para llevar a cabo acciones
que te permitan conseguir tus sueños...

AGUA DE ABRIL

Agua de mi abril
que vas limpiando mi pecho lleno de tristezas,
que vas iluminando mis atardeceres
con tu blanca luz.
Rosa roja que jamás ha de marchitarse,
que robas mi aliento,
detienes el tiempo
y me besas con su suspiro,
que dejas tu dulce sabor impregnado es mi paladar...
Contigo siento que se esfuman mis temores,
aunque tenga miedo a perderte,
y por amor al arte
vuelva a sacar mi mejor sonrisa cada mañana
para conquistarte una y otra vez,
que, si no se cuida el vino de este amor,
no nos seguirá tiñendo al alma de esperanza
y en vinagre se convertirá.

DAME UNA NOCHE

Dame una noche sin prisa,
con tu piel por abrigo,
al calor de mis palabras que embriagan tanto como el vino.
Que si me dejas yo tinto
tus grises del color de mis ojos.
Que si quieres me acurruco a tu vera y vamos sintiendo despacio,
como se ahoga la pena entre la profundidad de tus océanos,
entre esos destellos que me queman cuando ríes,
y yo contemplo tanta belleza que habita en ti
y tú no ves,
pero que a mí me aterra dejar de poder contemplar...

DESÁRMAME

Desármame con tu sonrisa,
rózame despacio,
que se sienta en cada caricia lo que sientes
y tus labios no se atreven a decir.
Bésame la lluvia que, tras fundirme en tu cuerpo,
cubrirá mi piel.
Te haré temblar y no será de miedo,
soñaremos
y estaremos despiertos,
se incendiarán las sábanas,
ignoraremos que es el frío...

TEMBLANDO

Y temblando en la orilla de su boca,
juraría que no habría destino más dulce
que naufragar en sus mares,
que fundirme en su pecho...

¡QUÉ SONRISA!

¡Qué sonrisa!
Le susurró la luna al mar
cuando la vio llegar,
vestida de noche,
con un brillito en los ojos,
que ninguna estrella del cielo
sería capaz de imitar...

NADA MÁS

No necesito que me diga nada
cuando me lo dice todo con una mirada,
con esa sonrisa de santa diabla.
Canta y baila,
se deja el alma gritando el coro de esa canción de desamor,
en sus manos una copa de alcohol,
pretende olvidar a ese perdedor
que su corazón rompió.

POESÍA

Poesía también es
erizar la piel.
Poesía también es
que acaricies mi cara con tus pestañas.
Aunque estés callada,
dice demasiado tu mirada,
Me recorres en silencio los adentros.
Despacio,
llenas de luz cada espacio,
me enseñas a creer.

OTOÑOS

Cuántos otoños,
miles de historias,
primaveras que nacían
al rozarse tu boca y mi boca.
Rocío en nuestros cuerpos,
aurora en nuestras miradas...

OJALÁ

Ojalá por fin le dé la espalda al miedo,
levante la cabeza y apueste por el brillo de su sonrisa,
por el huracán que forman sus ilusiones.
Jamás habría imaginado que pudiese caber
un corazón tan grande en un pecho,
ni sentí antes en una mirada tanta honestidad,
esa claridad.
En su voz puedo notar la sensibilidad,
que a veces algunos confunden con fragilidad.
Si se lo propone,
puede provocar una hoguera en tu interior,
como solo puede hacerlo una mujer
con el don de amar entregando el alma
cuando saben llegar hasta el fondo de su ser
desnudando cada entraña con luz...

ACEPTA MIS DISCULPAS

Acepta mis disculpas.
Yo debía irme para poder encontrarme,
aunque bien sabes que yo,
inocente de mí,
siempre espero encontrarte a ti
al otro lado del dolor.
Dolor
a veces autoinfligido,
juro jamás fingido.
Porque contigo abrí siempre las puertas de mi alma,
aunque la encontraras algo deshilachada.
Perdona por las dudas,
por las idas y venidas,
por las noches donde no supe cuidarte del frío.
Después de cada herida,
sigo hallando consuelo en el dulce recuerdo de tu sonrisa,
sigue siendo medicina,
para la que no hallo alternativa.

SU SONRISA

Su sonrisa es un jardín lleno de flores.
Su mirada, el mar que calma mi ansiedad y mi sed.
No hay mayor placer que despertar a su lado,
sintiendo el calor de su aliento,
el de su piel.
No hay mayor placer
que acariciar su carita
como acaricia el mar a la playa cada mañana...

ME GUSTAS

Me gustas por valiente,
por tierna e inteligente,
pero si quieres que hablemos de brillo,
es esa sonrisa la que me vuelve demente.

HEROÍNA

Creo que tiene algún superpoder
por lo que me hace sentir cuando me mira,
Y tengo sobrados motivos para pensar que es heroína,
por estrella y por adictiva...

TAQUICARDIA

Cuando me sonríes me da la taquicardia,
mi alma suelta sus amarras y se pone a navegar sin pausa,
adicto a ti sin causa,
y ahora te compro bombones,
te escribo canciones,
estás dominando mi mente,
estoy contando los minutos para volver a tenerte enfrente.
Quiero conquistarte,
subirte a la cima tocando tu cuerpo,
sintiendo tu arte,
que con solo mirarme me hagas arder,
que bajo las sábanas nos rompamos la piel.
Hoy es el día ideal para enloquecer...

EXCESOS

Sobre tu piel, excesos y ganas de huir
hacia la inmensidad de su universo,
y si fuese un viaje sin retorno tampoco me quejaría.
Sobre tu mirada, empatía,
ganas de arder y de enloquecer.
Jamás lástima ni autoengaño para quedarme por interés.
Si involucro el corazón lo hago sin miedo,
y si me dejas se lo regalo a tu noche estrellada
junto a esa luna que brilla cuando ríes,
que arde cuando me miras como una niña grande
a la que le encanta jugar con fuego
y conmigo decide quemarse.
En la sala de espera de tu alma,
se hablará sobre mi piel y dejaré el mensaje que quise
hacerte llegar con la fuerza de mis cinco sentidos.
En el cuarto menguante de tu luna
bailaremos sintiendo el diluvio
que recorre nuestros cuerpos....

CUANDO ELLA LLEGA

Y cuando la ves llegar es como
si todo se detuviera a tu alrededor
y ella caminara a cámara lenta
al mismo tiempo que sientes que viene un huracán
capaz de derribar todos tus muros de contención.
Con esa sonrisa te hace sentir fuerte y a la vez vulnerable.
Quisieras decirle millones de cosas,
pero terminas quedándote callado,
contemplando ese océano de belleza.

TE ACARICIA...

Te acaricia con esa sonrisa que es la brisa marina
que precede al oleaje del mar de sus ojos.
Con su risa te hipnotiza,
es música para el alma,
pura medicina.
Cuando te besa,
sube tu adrenalina
y si se marcha llega la tormenta a tu vida,
se marchita tu alegría...

BUSCANDO

Sigo buscando la línea ideal para describir lo indescriptible
de tenerte junto a mí acariciándome cicatrices.
Sigo anclado en el ayer,
recordando cómo en el cuarto menguante de tu luna
se hacían grandes nuestros sueños...

PARA LLEGAR AL ALMA

Para llegar al alma,
necesitamos tacto mucho antes que contacto.
Necesitamos comprendernos,
llegar a conocer cada espacio sin juzgarnos,
saldar juntos cuentas con el pasado,
mirar hacia adelante.
Y ahora mírame a los ojos,
susúrrame lo que sientes,
que cuando dos almas se encuentran cara a cara,
la mente guarda silencio y el corazón toma la palabra.

NUNCA ME GUSTÓ

Nunca me gustó marcar las reglas del juego,
prefiero que las marque el tiempo,
que me empuje un poco el viento,
porque a veces no encontramos el sentido
de las cosas hasta que nos arriesgamos
y caminamos en busca de aquello que no entendemos,
pero que con el corazón sabemos que es lo nuestro,
eso que anhelamos
aunque nadie crea y se dificulten los pasos.
Con unas cuantas piedras tropezamos en el camino,
pero con las rodillas peladas,
el alma pesada y los pies destrozados,
al final llegamos a la meta,
y eso es vivir.
Eso es amar lo que hacemos.

PARA TI

Es como si para ti
a todas mis murallas les aparecieran puertas
y pudieras entrar dentro de mí y acariciarlo todo,
haciéndome sentir vulnerable y comprendido al mismo tiempo...

EL RITMO DE ESTA NOCHE

El ritmo de esta noche lo marcan tus caderas,
que es tu primavera lo que manda sobre mis mareas,
y será mi boca la que llene de empatía
cada pétalo de tu millón de rosas.
Y querré sentir cómo te bañas en el mar de mi pecho,
cómo si vibras yo vuelo,
cómo me siento y cómo te siento,
cómo todas las poesías que escribí siempre,
sin saberlo entonces,
ya hablaban de tu boca y tu cuerpo,
de tus estrellas y de mi cielo llenándose de luz
cuando parpadeas a quemarropa contra mi mirada.

ACORDES

Y en mi acorde favorito de tu risa
recordé cuál es el motivo
por el que me tienes rendido a tus pies,
y no sé si notas
las notas de la canción que compones
con tu suspiro,
con tu gemido,
que me tiene descosido el corazón.
Que mi boca ya solo rima con la comisura de tus labios,
que mi piel ya solo combina con la tuya...

TE QUIERO LIBRE

Te quiero libre,
volando alto,
que sea tu alma por decisión propia
la que reclame de mi atención,
para que compartamos nuestro tiempo
sin invadir el espacio del otro...

LOS MIEDOS

Te quitarás los miedos y tendrás esa sensación de alivio que tienes cuando llegas a casa y te quitas los tacones.

Dejarás de tener vértigo y no habrá quien te detenga...

COMPLETAMENTE BELLA

Completamente bella,
de pies a cabeza,
en sus inviernos y sus primaveras.
Yo me pierdo con ella,
como el agua salada en la arena,
como la leche con el café.
La recorro en cada calle
y dejo de ser humano.
Siento que estoy levitando
y por las mañanas,
a diferencia de a otras flores que pasaron por mi vida,
a ti te digo sin dudarlo:
Quédate a desayunar,
quédate un ratito más.

AYUNAS

Contigo, un sexo en ayunas para despedir a la luna.
Un atardecer pensando en que esta noche brillarás más
y podré sentir tu locura.
Si la vida se pone cuesta arriba,
al menos déjame escalar por tus curvas,
atracar tu corazón y así volverme millonario.
Los complejos contigo desaparecen,
me concentro en ser feliz.
Una hora más contigo no es pecado,
vayamos viviendo con calma los minutos.
Tal vez pasemos juntos una vida entera,
contigo nunca es demasiado.

MIRADAS

Hay miradas que son casi confesiones,
que son gritos de un alma incapaz
de seguir negando y ocultando lo que siente.
Que algunas son la caricia que precede
a la que hacen las manos,
a la que surca un cuerpo.

SENTIR

Los mejores sentimientos y las mejores emociones en la vida
son aquellas que ni tan siquiera necesitamos revelar.
Son aquellas que se palpan de forma inteligible,
que muestran el poder de lo intangible
y cuanto inspira a nuestras almas.
Aquello que sentimos de verdad,
que nos nace de dentro,
no necesita ser comprendido,
y nuestras acciones se encaminan naturalmente a intentar demostrar con hechos eso que sentimos.

TIEMPO

A medida que acumulamos otoños
en nuestro calendario de recuerdos,
tendemos a darnos cuenta de que el tiempo
pasa vertiginosamente rápido,
a sentir como retumba en nuestra cabeza el sonido
de las manijas al girar por el reloj,
a sentir una fuerte vibración de los latidos en el pecho
y el miedo a no estar aprovechando el escaso tiempo
que se nos ha concedido.
Por fortuna o por desgracia,
poco podemos hacer para remediar esto,
y solo queda en nuestras manos la posibilidad
de dar lo mejor de nosotros en cada vuelta al reloj,
en cada giro de la Tierra sobre sí misma,
en cada una de las vueltas que da al Sol...

CAFE SOLO

Aborrezco el café solo,
si *solo* significa sin ti.
Amanece temprano,
veo al mar parir al sol,
abro mi ventana y el viento congela mi cara.
Aposté todo por ti
y todo lo perdí;
solo me quedó tu partida,
ni si quiera hubo despedidas,
y ya llamó siete veces la nostalgia.
Estoy viendo cómo te borro de la mente,
porque el corazón me dice que se va a morir
si tú no vuelves,
y yo sé que eso no puede ser verdad...

CICATRICES

Quiero amar tus cicatrices,
besar tus heridas como nadie antes lo hizo,
que tu piel se erice mientras se erige
una sonrisa en tus labios,
que sienta la salida del Sol.
Vamos a querernos despacio,
hagamos que lo nuestro madure como un buen vino,
que sea inolvidable la parte del camino
que compartamos juntos,
que de tu mano me sentiré más fuerte,
que sin tu sonrisa seré vulnerable.

CICATRICES II

Tengo más cicatrices por haber huido que por haber vivido,
una larga lista de personas que cuando quise darme cuenta ya se
habían ido.
Me he sentido tantas veces solo estando en compañía…
y ahora me doy cuenta de que no era culpa de ellos,
que era culpa mía.
He buscado en otros cuerpos medicina
incapaz de comprender que es en uno mismo
donde está la salida.